DE LA

DICTATURE DU PRÉSIDENT.

PARIS, TYPOGRAPHIE PLON FRÈRES,
36, RUE DE VAUGIRARD.

DE
LA DICTATURE
DU PRÉSIDENT

PAR

M. L'ABBÉ E. DARAS.

PARIS
LEDOYEN, LIBRAIRE,
PALAIS-NATIONAL, GALERIE D'ORLÉANS, 31.

—

1851

LA DÉGUSTATION

[illegible]

[illegible]

PARIS

[illegible]

[illegible]

DE LA
DICTATURE DU PRÉSIDENT.

Il y a des périls qui excusent de tout.

Lorsque, il y a quelques années, prosterné sur les dalles de Saint-Jean-de-Latran, je recevais des mains du cardinal-vicaire l'onction sacerdotale, je ne prévoyais guère que je dusse me mêler aux luttes politiques de ce temps. La vie d'un prêtre me semblait devoir rester dans le sanctuaire, étrangère à tous les partis, pour pouvoir leur annoncer à tous la parole de Dieu. Ce n'est pas que le prêtre doive vivre dans l'indifférence des intérêts de son pays : il est enfant de la France, aussi bien que de l'Église ; ses deux patries lui sont également chères. Mais représentant de Dieu qui a laissé au libre arbitre des hommes les affaires humaines, il doit imiter la réserve de la Providence, et se consacrer uniquement au salut des âmes qui lui sont confiées. Cependant il est parfois des circonstances si extraordinaires, des dangers si pressants pour l'Église et pour la société, que le prêtre doit alors sortir de son religieux silence, encouragé par l'exemple de Dieu, qui se mêle aussi directement, quand il le faut, de la politique du monde.

Nous sommes, on ne saurait le nier, à un de ces moments solennels, où la lutte toujours subsistante du bien et du mal ayant pris des développements extrêmes, ce n'est plus telle forme de la société qui est en question, mais la société chrétienne elle-même, et avec elle l'Église qui l'a fondée. Les hommes éminents du pays étant profondément divisés par les doctrines non moins que par les intérêts, il faut recourir à une doctrine plus haute, et faire appel à des intérêts plus élevés. Ceci est l'œuvre particulière du prêtre. C'est la mission qu'il doit remplir de loin en loin dans l'histoire du monde. N'appartenant, comme je l'ai dit, à aucun parti, il peut juger avec plus d'impartialité là où est le salut du pays, et faire entendre à tous une voix d'autant plus respectée qu'elle est plus rare et plus dégagée de tout intérêt personnel.

Il y a bien des partis en France, mais il y en a un à qui nous appartenons presque tous, celui des honnêtes gens qui veulent le salut du pays. C'est par là que nous nous touchons tous, tout républicains, légitimistes, orléanistes, ou seulement catholiques que nous puissions être. Quiconque veut l'intérêt du pays avant le sien, est de ce grand parti, quelles que soient ses sympathies personnelles. C'est à ces hom-

mes de cœur, divisés mais dévoués, que je m'a-
dresse. C'est dans l'espoir qu'ils voudront bien écouter
une voix inconnue mais amie, que faisant violence à
la répugnance instinctive du prêtre pour les luttes
humaines, j'ai pris la hardiesse, dans le silence pro-
fond où d'autres voix plus illustres et plus éloquentes
sont plongées, de discuter avec toute la simplicité et
toute la réserve qui me seront possibles, les intérêts
et les destinées de mon pays.

En suivant d'un œil inquiet la marche des affaires
publiques, trois réflexions m'avaient frappé :

1° Par la division du pouvoir législatif et du pouvoir exécutif, le gouvernement, tel que l'avait établi
la Constitution, étant de fait détruit, il fallait une
dictature, soit celle du Président, soit celle de l'Assemblée, qui réunît dans une seule main les deux
pouvoirs et pourvût au salut du pays. De ces
dictatures, laquelle pouvait soutenir avec le plus
d'énergie la guerre terrible où la société est engagée?

2° La Constitution, que l'on reproche au Président d'avoir violée, l'avait été déjà par la loi du
31 mai, qui substituait le suffrage restreint au suffrage universel, base de cette Constitution. De ces
deux violations, laquelle était justifiée par la suprême
nécessité du salut public? Est-ce celle de l'Assemblée, qui nous jetait dans la guerre civile, ou celle
du Président, qui l'a prévenue?

3° Enfin, cette Constitution, qui imposait au peuple

la direction des affaires publiques, sans lui donner ni le temps, ni l'instruction, ni le désir de s'en occuper; qui livrait les destinées de la France aux impressions mobiles de la foule, aux séductions de cabaret; qui paralysait le commerce, qui faisait trembler les honnêtes gens à l'approche des élections, n'était-elle pas le plus redoutable ennemi de l'ordre, la pierre d'attente du socialisme?

Ce sont ces trois questions que je vais essayer de résoudre.

CHAPITRE PREMIER.

DE LA DICTATURE.

———

Quand une ville est assiégée, les habitants, s'ils n'ont point de commandant de place, se choisissent eux-mêmes un chef, à qui, pour les nécessités de la défense, ils confient temporairement le pouvoir absolu. Quels que soient les charmes de la liberté, on aime mieux la perdre momentanément que d'être pillé et passé au fil de l'épée. Ce chef, à qui tout le monde obéit par instinct de conservation, c'est un dictateur.

Quand une armée se met en campagne, toute pleine qu'elle soit d'hommes vaillants et aguerris, on lui donne un général, à qui tous les autres généraux, plus anciens, plus capables peut-être, obéiront cependant sans murmure. Il faut qu'il y ait unité dans le commandement, sans quoi l'armée est vaincue d'avance et sans combat. Ce général, c'est un dictateur militaire et passager.

Il n'y a pas de résistance, il n'y a pas d'armée possible sans dictature. Pour toute agrégation d'hommes qui veut sauver sa vie ou sa fortune menacées par des ennemis nombreux et acharnés; la dictature d'un seul est la première condition de salut.

Voilà ce que le bon sens apprend à tout le monde, même aux hordes sauvages; ce que tous les peuples ont compris et pratiqué depuis six mille ans.

Eh bien! ne sommes-nous pas en guerre depuis trois ans? La société n'est-elle pas menacée, assiégée par des ennemis implacables? Ne soutenez-vous pas une lutte immense, terrible, dont vos biens et vos vies, dont la civilisation et la religion sont l'enjeu? Est-ce que vos ennemis sont moins nombreux, moins puissants qu'ils ne l'étaient hier, pour que vous les craigniez moins? En vain vous avez fermé leurs clubs, bâillonné leurs journaux, emprisonné, exilé, déporté leurs chefs, dispersé leurs soldats, vaincu leurs alliés, ils survivent à toutes ces défaites de la rue, de la tribune, de l'étranger. Ils vivent et ils se multiplient. Une partie de la France est à eux. Ils recrutent leur armée là où vous preniez la vôtre, parmi les paysans. Ils fabriquaient de la poudre, ils préparaient leurs armes, ils se comptaient, ils s'enrégimentaient, ils organisaient la guerre civile, et le jour du combat était fixé. Ces préparatifs, vous ne les ignoriez pas, ils se faisaient presque à la lumière; ce jour de bataille, vous le savez, était prochain; ces menaces de guerre civile, ce n'étaient point de vains bruits de police, mais un horrible cri de haine et de vengeance qui s'élevait de tous les points du pays.

Voilà vos ennemis, leur puissance, leur acharnement, leurs desseins furieux.

Où était la défense? Qui la devait soutenir? Qui la commandait?

Vous avez, je le sais, une armée admirable, brave, disciplinée, dévouée. Mais cette armée, ce n'est qu'un bras puissant. Où est la tête qui la dirigera?

Cette tête de la nation et de l'armée, c'est le gouvernement; mais le gouvernement n'existait plus. Le gouvernement, suivant la Constitution, se composait d'une Assemblée et d'un Président, du pouvoir législatif et du pouvoir exécutif. Tant que le Président et l'Assemblée sont restés unis, il y a eu un gouvernement en France. Du jour où ils se sont séparés, il n'y a plus eu de gouvernement. Que pouvait le pouvoir législatif sans l'exécutif, et réciproquement? Rien, absolument rien. L'Assemblée et le Président, c'était le corps et l'âme du gouvernement républicain. Dès l'instant où l'âme et le corps ont été séparés, il n'y avait plus, je le répète, de gouvernement vivant, il n'y avait plus qu'un cadavre.

Et c'est avec ce cadavre que vous vouliez soutenir la guerre acharnée que vous font les ennemis de l'ordre social? C'est à la veille de la grande bataille que vous prétendiez laisser à la tête de l'armée l'anarchie d'un gouvernement divisé! A quels ordres espériez-vous donc que cette brave armée se rendît? A ceux de l'Assemblée ou à ceux du Président? N'était-il pas à craindre que dans cette étrange confusion elle restât immobile et ne se rendît à aucun? Que devenait la défense, que devenait la guerre, que devenait la société? Vos ennemis triomphaient sans résistance, ils prenaient la ville, sans même courir les chances d'un assaut, et seraient entrés par les portes pendant que vous vous battiez dans les rues.

Et, en effet, voyez quelle puissance la gauche avait acquise par les divisions de la majorité. N'était-elle pas maîtresse de la situation, donnant la victoire dans les luttes parlementaires, à qui il lui plaisait? Tous les partis n'étaient-ils pas obligés de compter avec elle, de respecter ses principes désorganisateurs, de flatter ses passions? Chose étrange! Vous qui luttez depuis trois ans contre la démocratie, n'aviez-vous pas été forcés à placer de vos mains dans une commission chargée de la loi organique la plus importante du pays, une majorité démocratique? Encore trois mois de cette confusion, et la gauche, imposant la loi à tous les partis, devenait légalement maîtresse de la France.

Ainsi donc, non-seulement la bataille était perdue, mais la défaite semblait irréparable, le pays, je le répète, n'ayant plus de gouvernement. Et comme un grand pays ne peut rester sans pouvoirs, il fallait une dictature, de quelque côté qu'elle vînt, du Président ou de l'Assemblée.

Qu'est-ce que la dictature, en effet? C'est le droit de faire la loi et de l'exécuter soi-même. Dans un État

où les pouvoirs législatif et exécutif sont séparés par
la Constitution, la dictature n'est pas autre chose que
la réunion dans une seule main de ces deux pouvoirs. Eh bien ! l'Assemblée ne voulant plus confier
au Président l'exécution de ses lois, puisqu'elle pré-
parait ouvertement sa mise en accusation, il fallait
qu'elle se chargeât de les exécuter elle-même, c'est-
à-dire, qu'elle s'emparât de la dictature.

De l'aveu de tout le monde, une dictature était
donc devenue nécessaire. Une dictature seule pouvait rendre à la France un gouvernement qui n'existait plus que de nom depuis la division des deux
pouvoirs.

La question ainsi posée, et je ne crois pas qu'on
puisse la poser autrement, quelle était la dictature la
plus utile au pays, la plus nécessaire à la guerre que
soutient la société, celle du Président ou celle de
l'Assemblée?

Pour répondre à cette question, il suffit de se rappeler le but que tous les honnêtes gens poursuivent
avec angoisse depuis trois ans. Ce but, c'est le main-
tien de la propriété, de la famille, de la religion,
c'est-à-dire, de la société et de la civilisation chré-
tiennes. Jusqu'ici comment l'avons-nous atteint en
partie, comment pouvons-nous l'atteindre encore?
Par une énergique défense contre les ennemis de
l'ordre social, par une prévoyance qui ne néglige
rien, une surveillance qui ne se ralentisse jamais, une
rapidité d'exécution qui fasse sentir partout à la fois

l'épée du pouvoir toujours levée sur ceux qui l'attaquent. Ce n'est qu'à ces conditions que la société échappe depuis trois ans aux orages qui menacent de la bouleverser. Personne ne le niera, je pense ; sans l'énergie, sans la surveillance du pouvoir, la société eût succombé déjà.

Ces conditions indispensables de salut, l'Assemblée pouvait-elle les remplir ?

Non, elle ne le pouvait pas, et je vais vous le prouver.

Supposons que le coup d'État de l'Assemblée eût réussi ; qu'elle eût décrété d'accusation le Président de la République ; que le Prince se fût laissé traîner docilement à Vincennes ; que l'armée indifférente à cette violation de la Constitution se fût mise à la disposition de l'Assemblée : qu'eût fait cette Assemblée le lendemain de sa victoire ?

Son premier acte eût été de reconstituer le gouvernement ; car enfin, il faut des ministres. On ne pouvait discuter en séance publique toutes les affaires de l'État. Imaginez-vous qu'on vînt lire à la tribune les dépêches des ambassadeurs, des préfets, les rapports de la police ! Il fallait un ministère, un pouvoir exécutif, quel qu'il fût. Ce pouvoir, comment le constituer ? Là eût commencé le déchirement de l'Assemblée, et se fût révélé l'abîme où elle venait de jeter le pays.

A quel prix en effet l'Assemblée eût-elle obtenu sa victoire sur le Président ? Au prix d'une union des légitimistes et des orléanistes avec les républicains. Le ministère eût donc été composé de représentants choisis parmi les trois fractions de cette majorité nouvelle. La France eût donc été gouvernée par des amis de M. Berryer, de M. Thiers et de M. Michel de Bourges. Comprenez-vous ce que nous serions devenus sous un pareil gouvernement? Et à qui auriez-vous confié, s'il vous plaît, le ministère de l'intérieur, le commandement de l'armée, celui de la garde nationale de Paris, la nomination des préfets? Vous n'auriez pas, je pense, laissé à la tête de l'administration les amis du Président, que vous veniez de jeter à Vincennes? Il fallait remplacer nécessairement tous les hauts fonctionnaires de l'Etat. En vérité, il serait curieux de savoir par quel prodige vous vous seriez entendus. Il vous eût fallu partager les préfectures entre les trois partis, comme vous vous étiez déjà partagé les ministères. Mais à qui auriez-vous confié, par exemple, la préfecture du Rhône et le commandement de l'armée de Lyon? Vous n'eussiez pas sans doute conservé l'honorable M. de Vincent. L'auriez-vous remplacé par un républicain, pour que les frères et amis devinssent maîtres de cette grande ville et en fissent le centre de l'insurrection du Midi? Eût-ce été par un membre de l'ancienne majorité? Vos nouveaux alliés n'y eussent certes point consenti.

Et l'armée de Paris, qui auriez-vous mis à sa tête? Le général Changarnier? Mais jamais la montagne n'aurait voulu s'abriter sous le sabre du vainqueur du 13 juin. Le général Cavaignac ? Mais vous-même tombiez alors à la merci des républicains, sans défense contre un 15 mai nouveau.

Admettons cependant que vous eussiez dévoré toutes ces difficultés, que le partage du pouvoir se fût opéré d'un accord commun, la situation de la France devenait déplorable. Comment ! les rouges obtenaient de votre plein gré le tiers des préfectures et des commandements militaires ! Vous leur abandonniez des provinces entières où ils pouvaient impunément, sous l'œil de préfets et de sous-préfets amis, préparer l'insurrection et la guerre civile ! Car vous n'espérez pas que ce tiers de triomphe eût arrêté l'élan de la démocratie. Les sociétés secrètes n'eussent pas cessé de recruter des adeptes, par le seul motif qu'elles étaient moins surveillées et plus libres d'agir.

La presse socialiste n'eût pas été moins ardente dans ses attaques contre la propriété, contre la religion, uniquement parce que le glaive des lois n'était plus suspendu sur sa tête. Vous ne comptiez pas sans doute sur un pareil prodige d'abnégation.

Qu'espériez-vous donc ? Après avoir livré vos armes et appelé vos ennemis dans votre camp, comment pensiez-vous résister à une attaque ? En vain les chefs de la montagne vous eussent promis la paix. Est-ce que la démocratie leur eût longtemps obéi ? Jusqu'à ce qu'ils eussent pris possession des postes que vous leur abandonniez, et préparé à l'ombre de vos lois impuissantes, en face de vos fonctionnaires divisés, les munitions de la grande bataille, les frères et amis eussent respecté le mot d'ordre de la montagne. Mais la montagne ne dirige pas seule la démocratie. Il y a d'autres chefs non moins influents sur le peuple, et ceux-là sont ou inconnus, ou exilés, ou en prison. Les inconnus eussent voulu arriver au pouvoir, les exilés eussent été impatients de rentrer en France, les prisonniers eussent appelé à grands cris la liberté. Sous l'inspiration de ces hommes non moins chers que la montagne à la démocratie qu'ils ont organisée en France, et pour laquelle ils ont donné leur sang, les frères et amis se seraient soulevés.

Et d'ailleurs votre alliance n'eût pas duré un mois ; la montagne vous eût demandé le rappel de la loi du 31 mai. Sous peine de se déshonorer et de devenir suspecte à ses frères, elle vous l'eût demandé. Donnez à M. Michel de Bourges une place au pouvoir, si petite qu'elle soit, et le premier usage qu'il devra faire de ce pouvoir, sous peine de trahison à son parti, c'est-à-dire d'infamie et d'impuissance, sera d'ouvrir les prisons, de rappeler les exilés, de faire cesser l'état de siége, dirigé tout entier contre lui. Ce rappel de la loi du 31 mai, cette amnistie des condamnés politiques, cette cessation de l'état de siége, je vous le demande, l'eussiez-vous accordé ?

Il le fallait cependant, ou rompre avec la montagne, c'est-à-dire commencer la guerre civile.

Et voyez que de chances la montagne avait alors de triompher de vous ! Maîtresse d'une partie de la

France par ses préfets, assurée d'un tiers de l'armée, puisque vous n'auriez pu lui refuser une part dans les commandements militaires, disposant par les sociétés secrètes de toute la population remuante, de tout ce qui court aux armes au premier appel de ses tribuns, la montagne vous eût enserrés dans le cercle de ses insurrections. A vos soldats elle eût opposé d'autres soldats. Est-ce que ses généraux n'eussent pas entraîné facilement les régiments que vous auriez mis sous leurs ordres le lendemain de la chute du Président ? La victoire dès lors devenait bien douteuse. L'armée unie, marchant sous un même drapeau, triomphera toujours de toutes les émeutes ; mais divisée, obligée de combattre soldats contre soldats, qui sait ce qui arriverait ? A coup sûr la démoralisation se mettrait dans ses rangs. Si deux régiments se fussent joints aux insurgés dans les fatales journées de juin, c'était fait de la société, nous étions vaincus.

Remarquez au reste que vous pourriez être battus sans qu'il fût même nécessaire de tirer un coup de fusil. Les légitimistes et les orléanistes ne forment que le tiers de l'Assemblée ; l'autre tiers appartient au Président et le reste à la montagne. Que ces deux derniers partis se fussent réunis contre vous, et vous perdiez la majorité.

Voilà donc où venait aboutir forcément le coup d'État de l'Assemblée, à l'impuissance, ou à la guerre civile.

Vous ne pouvez échapper à ces conséquences fatales. Vainqueur du Président par l'appui de la montagne, il fallait partager le pouvoir avec elle : c'eût été déjà une monstrueuse anarchie; mais, de plus, la montagne ne pouvant renier ses principes, il fallait marcher sur ses pas à l'organisation de la démocratie, ou se séparer d'elle et la combattre : l'anarchie menait à la guerre civile.

Dictature pour dictature, celle de l'Assemblée était donc la pire, puisqu'elle nous jetait tout d'un coup dans l'abîme sur les bords duquel la France se débat depuis trois ans.

CHAPITRE II.

LE COUP D'ÉTAT DE L'ASSEMBLÉE.

Voulez-vous juger un coup d'État? voyez s'il rassure ou s'il effraie. Le bon sens du peuple est quelquefois le meilleur juge de la politique humaine.

Vous reprochez au Président d'avoir fait un coup d'État qui rassure la France; mais l'Assemblée aussi avait fait un coup d'État, et celui-là devait nous perdre. Vous dites que la Constitution est violée; mais qu'était la loi du 31 mai, sinon une violation de la Constitution, et une violation imprudente, qui nous jetait dans la guerre civile d'où elle prétendait nous sauver?

Il y a quinze jours à peine une crainte terrible planait sur la France. L'avenir effrayait les plus fiers courages. Chacun sentait le sol trembler sous ses pas. Un bruit sourd se faisait entendre dans les entrailles de la société, comme celui qui précède l'éruption des volcans. Une lave vivante plus épouvantable que la lave de feu qui coule du Vésuve semblait prête à déborder sur notre malheureux pays. Les rumeurs sinistres d'une jacquerie nouvelle circulaient dans l'air et ne rencontraient partout qu'une crédulité fatale, hélas! trop fondée. Les moins prévoyants comprenaient que la guerre civile était à nos portes, et qu'une fois les barrières ouvertes à ce torrent de haines et de vengeances longtemps amassées, le flot d'anarchie qui allait rouler sur la France pouvait engloutir avec sa prospérité et sa grandeur jusqu'à son existence politique. Les hommes d'État se demandaient avec effroi ce que nous deviendrions dans cette confusion de tant de partis divers, dans cette mêlée déplorable de toutes les forces du pays acharnées à leur destruction, et si l'épée de l'étranger, profitant de nos divisions, ne viendrait pas nous imposer la paix avec la honte et l'asservissement.

Tel était l'avenir, le cauchemar perpétuel dont le coup d'État nous a délivrés. Nous respirons enfin! Mais considérez, je vous prie, quelle planche fragile nous séparait à peine de ce gouffre où nous devions tomber.

Une loi avait été votée et maintenue, qui enlevait à trois millions de nos concitoyens le droit de suffrage. Ces trois millions d'hommes étaient précisément la partie remuante, facile à soulever de la population. Cela prouvait, direz-vous, la sagesse de cette loi. Je ne le conteste pas; mais cela en prouve aussi le danger, et c'est tout ce que je veux constater en ce moment. Ces trois millions d'hommes, comment les auriez-vous réduits à l'abstention le jour où le pays aurait été appelé à décider de ses destinées? Savez-vous qu'il est dur d'être condamné à subir en silence un destin auquel on n'a pas consenti. Car ces parias se sentaient autant que vous les enfants de la France, et si par une méfiance légitime vous les chassiez de la cité politique, vous ne pouviez pas leur enlever, avec la dignité de citoyen, la conviction de leur droit méconnu. Ils auraient protesté, soyez en sûrs, contre ce coup d'État, qui politiquement les expulsait de leur pays. Ils auraient fait appel à la force contre ce qu'ils croyaient une forfaiture de la loi. Ils se l'étaient promis, et nous ne savons que trop combien ils sont fidèles à tenir ces terribles promesses.

Les élections de 1852 menaçaient donc d'être sanglantes. La baïonnette eût déchiré des scrutins incomplets. Car que la démocratie se fût résignée à subir la loi du suffrage restreint, en vérité, vous n'y comptiez pas ! Elle ne nous a guère habitués à ces prodiges de patience et de modération. Dans quel but, d'ailleurs, amassait-elle de la poudre et fondait-on des balles ? Pourquoi tant de sociétés secrètes s'organisaient-elles à la hâte sous la surface du pays ? Sont-ce là les préparatifs de gens qui se résignent ? Singulière résignation que celle d'un parti qui aiguise ses poignards et qui charge ses fusils !

C'était donc la guerre civile qui devait répondre à la loi du 31 mai. Il n'y a pas un homme politique qui ne le sache parfaitement et qui ne l'eût prévu. Seulement vous croyiez à une nouvelle victoire, mais peut-être vous trompiez-vous.

Ce qui réussit à la guerre, c'est la fermeté et la décision. La fermeté, elle naît de la confiance de son droit; la décision, elle ne germe que dans les esprits assurés de leur pouvoir. Or, ce qui manquait à l'Assemblée, c'était précisément cette confiance invincible qu'elle eût le droit de chasser trois millions de citoyens qui certes ne lui avaient pas donné ce singulier mandat. Beaucoup de ses membres avaient voté la loi du 31 mai plus par fidélité à leurs engagements de parti que par conviction. Un assez grand nombre l'avait désavouée. Les autres étaient chancelants, et leurs irrésolutions se trahirent par les différents votes qui modifièrent les conditions du domicile politique. La loi avait été maintenue, il est vrai, mais à une majorité si minime qu'elle témoignait bien du peu de confiance qu'avait l'Assemblée dans l'opportunité d'un acte si grave, ou dans la légitimité du droit dont elle avait usé.

Cependant, cette loi, c'était la guerre civile assurée. Et vous croyez que les dix voix qui l'avaient maintenue eussent osé assumer sur leur tête la responsabilité terrible des flots de sang qu'elle allait faire couler! Certes, il leur eût fallu une fermeté rare dans ces temps où les convictions changent si vite, pour livrer leur pays aux horreurs de la guerre civile sur un droit qui à leurs amis eux-mêmes paraissait si douteux. Le premier coup de canon qui eût retenti dans Paris eût ébranlé ces cœurs intrépides. Leur conviction eût glissé dans le sang.

Il ne fallait pas être un grand homme d'État pour prévoir que, si la guerre se fût engagée sur cette loi, la majorité eût cédé. Elle eût cédé comme Charles X, elle eût cédé comme Louis-Philippe; mais, comme ces princes malheureux, peut-être eût-elle entendu ce mot fatal de notre histoire : Il est trop tard!

Car, enfin, comme Charles X, comme Louis-Philippe, l'Assemblée avait contre elle ce droit révolutionnaire qui est devenu notre droit. Élue par la souveraineté du peuple, qui lui avait donné le mandat de mutiler cette souveraineté? Si mauvaise que fût la Constitution, c'était la loi suprême du pays, et l'acte du 31 mai violait évidemment cette loi. Les constituants avaient proclamé le suffrage universel, et tout en laissant à leurs successeurs le pouvoir de régler les conditions du domicile politique, ils n'avaient certes pas entendu leur laisser le droit de renverser leur œuvre par la base, en substituant au suffrage universel le suffrage restreint. Évidemment l'Assemblée avait outrepassé ses pouvoirs. Qu'on dise pour sa justification que le suffrage universel menait la société à sa ruine, je le veux bien, et je le crois comme vous. Mais, toute nécessaire qu'elle fût, cette loi était une violation manifeste de la Constitution; c'était un coup d'État, un coup de pouvoir absolu, comme la suppression de la liberté de la presse et le refus du droit de réunion. Charles X aussi avait voulu sauver la société en supprimant la liberté de la presse, comme Louis-Philippe en interdisant les réunions qui ruinaient son autorité. Tous deux ont succombé cependant sous le bon sens révolutionnaire, parce qu'ils s'attaquaient à la souveraineté du peuple telle que la révolution l'a proclamée. L'Assemblée devait succomber à son tour sous cette logique fatale. La lassitude de l'émeute pouvait seule retarder sa chute; le passé prédisait l'avenir.

Et remarquez que les deux derniers rois avaient été vaincus dans toute leur force, tandis que l'Assemblée eût été attaquée dans toute sa faiblesse. A quelle époque la guerre eût-elle éclaté? C'est lorsque l'Assemblée touchait au terme de sa puissance, lorsque son mandat expirait : et l'on sait le crédit qu'ont chez nous les assemblées expirantes! Au moins Charles X et Louis-Philippe avaient-ils quelques chances de succès! Charles X était entouré d'une garde dévouée; Louis-Philippe pouvait s'appuyer sur une épée illustre, habituée à vaincre, et qui l'eût sauvé, s'il eût voulu être sauvé. Mais l'Assemblée sur qui comptait-elle? Ce n'est pas sur le Président qui désapprouvait la loi et qui en avait demandé le rappel. Est-ce sur l'armée? L'armée appartenait au Président, et les événements l'ont bien prouvé. A coup sûr ce n'est pas sur le peuple. Était-ce au moins sur leur union, sur leur fermeté, sur leur prévoyance, que comptaient les représentants du pays? Hélas! non. Car ils étaient divisés à ce point de ne plus pouvoir voter une seule loi sans tendre la main à leurs plus mortels ennemis; car leurs convictions devenaient si chancelantes que ce coup d'État fut maintenu à la majorité de quatre voix. Quant à leur prévoyance, on sait combien elle était habile, et ces grands hommes d'État ne surent pas même prévoir que cette loi les suicidait.

Et c'est avec ce bagage d'union, de fermeté et de prévoyance qu'ils voulaient affronter les orages de 1852 ! Lorsque toute la France, disons mieux, toute l'Europe tremblait devant cet avenir formidable, ce que ces hommes, qui répondaient de tant de vies, avaient imaginé de plus assuré, c'était une loi qui devait précisément nous jeter dans la guerre civile. Voilà le solide rempart qu'ils avaient à grand' peine élevé de leurs mains débiles entre l'abîme et nous ! Comme la paix du monde reposait en sûreté sur ces têtes si fortes ! Et fiers de cette œuvre mémorable, comptant sans doute que l'avenir ne leur manquerait jamais, et que la démocratie voudrait bien attendre qu'ils fussent prêts pour la combattre, tout occupés de leurs divisions, de leurs jalousies, de leurs ressentiments, ils poursuivaient, avec un acharnement qui frappait les peuples d'épouvante, la destruction du seul pouvoir qui les préservât de l'ignominie de livrer de leurs mains à leurs ennemis une part de l'autorité et de la fortune publique.

En résumé, la loi du 31 mai était un de ces coups d'État qui veulent être soutenus par une autorité pleine de fermeté, et non par des partis divisés et impuissants. Ce n'eût pas été trop de l'ancienne union du Président et de la majorité de l'Assemblée pour la

faire respecter par le parti républicain qu'elle déci-
mait. Après la division des deux pouvoirs, dans l'état
d'anarchie où l'Assemblée était tombée, cette loi fatale, qu'elle fût désormais maintenue ou rapportée, ne
pouvait plus que nous précipiter dans la guerre civile.

Maintenue, elle amenait les protestations armées
de 1852 ;

Rapportée, elle donnait une victoire presque cer-
taine aux candidats de la démagogie. Tous les électeurs qu'elle avait privés du droit de suffrage, entraînés pour la plupart par d'amers ressentiments,
eussent voté contre ceux qui les avaient dégradés de
leur dignité de citoyens. Que le gouvernement tombât
ainsi légalement aux mains de la démagogie, le lui
auriez-vous abandonné sans combat ? Non, certes :
vous auriez protesté à votre tour contre l'égarement
d'une partie de la population qui livrait l'ordre, la
société, la religion, et jusqu'à vos vies à la merci
d'ennemis qui se promettaient de terribles représailles.
C'était donc la guerre civile que vous étiez forcés de
commencer.

Mais la loi alors, la loi était contre vous. Maîtresse
légale de la France, la démagogie vous eût vaincus
facilement. Tout sinistre qu'eût été ce gouvernement
issu du suffrage universel, qui vous dit que l'armée
ne l'eût pas respecté ? C'était la volonté du peuple,
après tout. Appuyée sur ce fondement, la démocratie
devenait invincible : une énergie sauvage ne lui eût
pas manqué. Marchant sur les traces de 93, elle eût

dompté toutes vos résistances, comme le terrible Comité de salut public. La peur eût enchaîné plus tôt que vous ne pensez les bras de vos timides amis. Comme vos pères, vous eussiez fui une terre ensanglantée et abandonné votre malheureux pays au joug de la terreur et aux ruines que votre imprévoyance avait préparées.

Voilà l'avenir qui vous attendait et dont l'initiative du Président nous a délivrés.

Supposez, au reste, que vous eussiez réussi cette fois; qu'unis par un prodige sur lequel nous ne pouvions guère compter, vous eussiez, légitimistes et orléanistes, voté comme un seul homme pour le même candidat; admettons que ce candidat, un honorable général si vous voulez, l'eût emporté sur la démocratie, la crise n'était qu'ajournée : l'avenir restait toujours menaçant; c'était une trêve, ce n'était pas la paix. Et savez-vous que le temps presse, que la démocratie nous déborde, qu'il est déjà bien tard pour élever des digues durables contre ce torrent qui envahit tout. Tandis que vous vous seriez disputé les bonnes grâces de ce général pour une restauration sur laquelle vous n'étiez pas même d'accord, la démocratie achevant par sa propagande funeste la conquête des esprits, pouvait gagner la France au socialisme : car c'est là où elle nous entraîne; et sans la plus énergique résistance de tous les hommes d'ordre réunis sous un même drapeau, je vous prédis avec effroi que c'est là qu'elle nous conduira.

CHAPITRE III.

Vous regrettez la Constitution? En vérité, vous avez bien de la bonté, car c'était la pierre d'attente du socialisme et votre plus radicale ennemie.

Si vous eussiez conservé la Constitution, je m'étonne comment vous auriez pu refuser longtemps encore l'instruction gratuite et obligatoire et l'anéantissement de l'aristocratie de fortune.

Savez-vous l'arme que la Constitution donnait à vos ennemis? Elle leur donnait simplement la logique. Et ce n'est rien, n'est-ce pas, que la logique dans un pays où les esprits sont si nets et atteignent si vite les dernières conséquences d'un principe?

Il a fallu la pénurie d'hommes de talent où le socialisme s'est trouvé pour que vous échappiez aux conséquences désastreuses de cette Constitution. Mais vous n'auriez pas toujours eu un pareil bonheur, et il pouvait se rencontrer à la fin un esprit vigoureux, d'une logique implacable, qui, la loi du pays à la main, vous eût menés malgré vous jusqu'au socialisme.

Comment ! vous proclamiez la souveraineté du peuple inaliénable et imprescriptible ; vous remettiez entre les mains du peuple le choix de tous les pouvoirs, législatif et exécutif ; vous le faisiez ainsi juge de tout le gouvernement, maître de le changer, de lui imprimer la direction qui lui plaisait par le choix de certains hommes ; vous lui confiiez ainsi la paix, la tranquillité de la France, sa sécurité au dedans et au dehors, sa grandeur et sa prospérité, et vous vouliez refuser à ce peuple chargé des destinées du monde l'instruction qui lui manquait, le temps de s'occuper des affaires de son pays, et l'indépendance dont il avait besoin pour les juger avec impartialité ! Comprenez-vous un souverain qui ne sait pas lire, qui n'a pas le temps de lire, qui ne peut connaître les plus importantes questions que sur le rapport d'autrui ; qui est à la merci des orateurs de carrefour et des séductions de cabaret, qui est en partie dans la main des grands propriétaires et dont on peut influencer les votes en lui refusant du pain ! Quelle souveraineté illusoire, et quelle pitié de voir le sort de son pays, la vie, la fortune de plusieurs millions d'hommes, la paix de l'Europe ainsi livrés aux hasards ignorants d'un scrutin, aux chances inintelligentes d'une loterie !

Et je n'exagère rien. Voyez comme la France tremblait aux approches de ces jours redoutables où ce souverain, presque honteux de son pouvoir parce que dans son bon sens il le sentait au-dessus de ses forces, allait décider par ses votes de ces trois bases fondamentales de la société et de la civilisation : la propriété, la famille, la religion ! Que d'angoisses les honnêtes gens n'éprouvaient-ils pas à la vue de ces urnes fatales où la fortune de la France était contenue ! Et quelle joie quand cette fortune sortait encore une fois triomphante de ces périlleuses épreuves ! Quelle heureuse surprise quand ce peuple, dont on ne pouvait prévoir les opinions puisqu'il n'en a pas, était resté fidèle à la recommandation des comités de l'ordre ! Toutefois cette joie n'était pas, hélas ! sans mélange de craintes. Le présent devait durer si peu, et les épreuves devaient se renouveler si souvent ! Qui ne frémissait en songeant qu'il ne fallait qu'une erreur du peuple, un mouvement de jalousie ou de cupidité, pour précipiter la France dans une épouvantable anarchie où son indépendance pouvait périr ?

Remercions Dieu d'avoir échappé à tant de désastres. Que l'Europe le remercie avec nous, car elle tremblait comme nous.

Et ces transes continuelles qui paralysaient le commerce, qui nous tenaient perpétuellement suspendus sur l'abîme entre la délivrance d'hier et le danger de demain, qui faisaient de la vie un cauchemar, ces transes rien ne les pouvait faire cesser. La France n'avait plus de repos assuré, elle n'avait que des sursis. Nous étions comme des condamnés, nous demandant chaque matin si le jour fatal était venu.

Encore s'il y avait eu quelque moyen d'échapper à ces incertitudes affreuses ! Mais non : cette souve-

raineté du hasard était déclarée inaliénable et imprescriptible. Le peuple à qui on l'avait imposée et qui
n'en voulait pas, qui la dédaignait, qui refusait d'en
faire usage, le peuple n'avait pas même le droit de
dire à un homme : Nous avons confiance en vous,
gouvernez-nous. Nous confions la France à votre pa-
triotisme et à votre loyauté. Non, tout souverain qu'il
fût, son pouvoir n'allait pas jusque-là. Sa souveraineté
était *inaliénable*, et, bon gré mal gré, il fallait qu'il
gouvernât.

Mais alors que ne lui appreniez-vous à gouverner,
et que ne lui en donniez-vous les moyens? L'ignorance
est fatale aux gouvernements; il fallait rendre l'instruction obligatoire. Le peuple est pauvre, il fallait
la lui donner gratuite.

Et cela ne suffisait pas. Quand il aurait su lire, à
quoi cela servait au peuple, si le temps et les journaux
lui manquaient? Avec l'instruction il fallait donc encore lui assurer l'aisance. Est-ce que l'on peut songer
à la politique quand on est en quête du pain de chaque jour? Achetez donc des journaux quand vos
enfants vous demandent du pain !

Mais l'aisance, il n'y avait qu'un moyen de la
rendre populaire, un moyen terrible il est vrai, c'était
le partage des biens. Cherchez un autre moyen que
celui-là, il n'y en a pas. Tous les autres sont lents,
incertains, et la souveraineté ne pouvait attendre,
puisque le peuple en avait pris possession tout d'un
coup.

Ce partage d'ailleurs assurait au peuple la dernière condition de la souveraineté, l'indépendance.

Qu'est-ce qu'un souverain qui dépend d'autrui ? Est-ce que le peuple ne dépend pas de celui qui le fait vivre ? est-ce que les grands propriétaires ne tenaient pas leurs ouvriers, leurs gardes, leurs domestiques dans une étroite dépendance ? est-ce que leur opinion politique n'était pas connue ? et ceux qui vivaient de leur pain pouvaient-ils voter autrement qu'eux ? Le vote était secret, je le veux bien. Mais en réalité ne sait-on pas dans chaque commune dans quel sens chacun a voté ? A moins d'une perpétuelle dissimulation, les opinions politiques sont toujours connues. Pouviez-vous faire une loi qui défendît de chasser ses domestiques, de changer ses ouvriers aux approches des élections ? Quelle souveraineté que celle qui n'a d'autre alternative que la misère ou l'hypocrisie !

Pour rendre le peuple souverain, il fallait donc le rendre indépendant, c'est-à-dire propriétaire. Dans un pays agricole surtout, où la terre est la principale source de la vie, il n'y a pas d'autre base de l'indépendance que la propriété foncière. Pourquoi la bourgeoisie partage-t-elle depuis le siècle dernier l'ancienne influence de la noblesse, si ce n'est parce qu'elle s'est emparée d'une partie de la richesse territoriale ? Pourquoi l'aristocratie anglaise a-t-elle conservé tant de puissance, si ce n'est parce qu'elle a conservé le sol ? La propriété sera toujours le fondement de la souveraineté. Si vous vouliez faire entrer le peuple dans le partage de la puissance de la bourgeoisie et de la noblesse, il fallait aussi lui partager le sol. Toute aristocratie de fortune sera toujours une aristocratie politique. Comment auriez-vous pu conserver longtemps une aristocratie politique dans une démocratie ?

Vous me citerez l'exemple des États-Unis; mais cet exemple même est contre vous. S'il y a un homme en France qui connaisse parfaitement les États-Unis, c'est M. de Tocqueville. Écoutez ce que dit M. de Tocqueville de l'égalité qui règne en ce pays :

« Ce ne sont pas seulement les fortunes qui sont égales en Amérique, l'égalité s'étend jusqu'à un certain point sur les intelligences elles-mêmes. Je ne pense pas qu'il y ait de pays dans le monde où, proportion gardée, il se trouve aussi peu d'ignorants et moins de savants qu'en Amérique. L'instruction primaire y est à la portée de chacun, l'instruction supérieure n'y est presque à la portée de personne... Presque tous les Américains ont de l'aisance; ils peuvent donc parfaitement se procurer les premiers éléments des connaissances humaines. » (*De la démocratie en Amérique*, t. I, ch. III, p. 84.)

Et, de fait, aux États-Unis, il n'y a presque pas un citoyen qui n'ait une connaissance suffisante des affaires de son pays. Tout le monde sait lire, et le journal a pénétré partout. Il se publie autant de journaux en Amérique que dans le reste du monde. La presse y a pris des développements immenses. C'est le véritable pays de la démocratie.

Remarquez en outre que l'indépendance sociale y est complète. Le sol y est si vaste qu'il y en a pour tous ceux qui veulent le cultiver. Ce n'est pas la terre qui manque, ce sont les bras. L'ouvrier n'est donc pas comme chez nous dans la dépendance du propriétaire ; ce serait bien plutôt le propriétaire qui est dans la dépendance de l'ouvrier. L'ouvrier peut trouver de la terre partout ; le propriétaire n'est pas toujours sûr d'avoir des ouvriers. La main d'œuvre est très-chère en Amérique ; la terre y est pour rien.

En Europe, le territoire est restreint et les habitations fixes. Il faut que le paysan travaille là où sont sa maison et son jardin. A moins d'abandonner le toit de ses pères, qui est toute sa fortune, il faut généralement qu'il cultive le coin de territoire où il est né. S'il en possédait assez pour occuper ses bras, sans doute il serait indépendant ; mais il est rare qu'il en soit ainsi. Tous nos paysans ont un morceau de terre, mais si petit qu'il ne saurait les faire vivre. Il n'y a pas un dixième des paysans qui puisse travailler toute l'année sur son bien. On loue donc ses bras : dès lors on est dans la dépendance de celui qui les paye.

Le gouvernement est l'âme de la société ; mais à cette âme il faut un corps fait à son image. Ce corps, c'est l'organisation sociale, c'est la constitution publique. Tout gouvernement a une organisation sociale qui lui est propre, aussi bien la démocratie que la monarchie. Vous ne concevriez point la possibilité d'une aristocratie politique dans un pays où régnerait l'égalité de fortune, comment pouvez-vous concevoir l'aristocratie de fortune là où vous voulez établir l'égalité politique?

La base de la Constitution, la condition inévitable de la souveraineté exercée si fréquemment par le peuple, c'était donc l'indépendance sociale accordée au peuple, c'est-à-dire, la destruction de l'aristocratie territoriale.

Je comprends qu'un pays puisse confier à un homme l'exercice de sa souveraineté, sans qu'il soit besoin de changer la Constitution de la fortune publique. C'est un acte de confiance, ce n'est pas un acte de gouvernement. Le plus ignorant, le plus pauvre citoyen de ce pays sait s'il a foi en cet homme et s'il veut lui abandonner le soin des destinées de la France.

Mais faire à chaque instant appel à l'opinion d'un peuple qui ne peut s'en former une qu'à la condition d'avoir l'instruction, le temps et l'indépendance qui lui manquent à la fois, c'est abandonner au hasard les destins de ce peuple.

La France est une démocratie; mais si vous voulez que cette démocratie soit gouvernée par le peuple, si vous voulez que l'égalité politique ne soit pas un vain mot, donnez-lui pour base l'égalité sociale.

Que si en voulant conserver la démocratie, qui est

désormais impérissable, vous ne voulez pas cependant aller jusqu'au socialisme qui vous effraie, la seule chance de salut qui vous reste, c'est de confier à un homme le gouvernement de cette démocratie.

Avec une Constitution qui livrait la France aux caprices du hasard, à l'insouciance, aux plus aveugles séductions, il n'y avait pas d'autre alternative ou de briser cette Constitution, ou de la développer par une organisation socialiste qui la complétât.

CHAPITRE IV.

DE L'AVENIR DU SOCIALISME.

Outre la Constitution, le socialisme avait deux auxiliaires qui devaient assurer son triomphe : le rationalisme et la cupidité.

La France est rongée depuis cinquante ans par le rationalisme. Les gouvernements n'ont pas eu d'ennemi plus dangereux. Le rationalisme leur a fait plus de mal que les sociétés secrètes. C'est lui qui a préparé dans le secret cette armée formidable qui se lève aujourd'hui pour le socialisme. Nous sommes arrivés à ce terme fatal où toutes les doctrines produisent des fruits politiques. C'est une dure expérience et qui nous coûte cher. Au moins profitons-en.

Je pose ce principe que je vais prouver : Quiconque est pauvre et n'est pas chrétien doit être socialiste. Vous compterez après tous les pauvres qui ne sont pas chrétiens, et vous vous demanderez avec effroi quel bras miséricordieux nous a retenus si longtemps sur le bord de l'abîme où nous devions tomber.

Il y a un problème politique qui devrait frapper tous les hommes d'État. Vous êtes-vous jamais expliqué la force d'un parti dont les chefs sont en exil ou en prison, dont la police sait tous les secrets, et qui vit, qui se recrute de lui-même; dont on peut couper la tête, disperser les membres, mais que l'on ne saurait tuer, parce que sa vie est dans une loi du monde moral, et que la force physique ne peut rien contre elle?

Oui, la force du socialisme n'est ni dans l'éloquence de M. Ledru-Rollin, ni dans le beau style de M. Louis Blanc, ni dans la verve paradoxale de M. Proudhon; elle n'est ni dans les clubs, ni dans les conjurations, ni dans les sociétés secrètes, mais elle est tout entière dans cette simple loi : Quiconque est pauvre et n'est pas chrétien doit être socialiste.

M. Ledru-Rollin est muet, Louis Blanc n'écrit plus, Proudhon est en prison ; les clubs ont été fermés, les conjurations déjouées, les sociétés secrètes révélées : le socialisme est plus puissant que jamais. Mais si par un miracle de la grâce divine vous pouviez faire que tous les pauvres redevinssent chrétiens, demain il n'y aurait plus de socialisme.

En dehors de la religion savez-vous ce que c'est que le socialisme? C'est tout simplement le droit au bonheur. Quand vous aurez trouvé le moyen d'amener volontairement les hommes à renoncer à être heureux, suivant le monde, vous aurez vaincu le socialisme.

En effet, pour l'homme qui n'est pas chrétien ce qui ressemble le plus au bonheur, c'est la fortune; ce qui en éloigne le plus, c'est la pauvreté.

Qu'est-ce que la nature aime?

La nature aime le repos, les jouissances, le commandement.

Le repos, où est-il?

Dans la fortune.

Les jouissances, qui les achète?

La fortune.

Qui donne des serviteurs et les joies du commandement?

La fortune.

Qu'est-ce que la nature abhorre, au contraire?

La nature abhorre le travail forcé, les privations, la servitude.

Qui force au travail?

La pauvreté.

Qui impose des privations?

La pauvreté.

Qui réduit à la servitude volontaire?

La pauvreté.

Donc le bonheur de ce monde, c'est la fortune; le malheur, c'est la pauvreté. Philosophez tant qu'il vous plaira sur les inconvénients de la fortune, sur les avantages de la pauvreté, en dehors du christianisme et des compensations d'une autre vie, ce sont propos de rhéteur que les lettrés admirent, mais dont le gros du monde se soucie fort peu.

Or, ce qu'un homme recherche avec le plus de passion, c'est le bonheur. Pour être heureux un homme bouleverserait le monde, s'il en avait la force. On préfère la vie à tout, on préfère le bonheur à la vie. Si vous pouviez persuader à cet homme que la mort doit le rendre heureux, vous le verriez non-pas seulement mourir avec joie, mais désirer la mort avec une ardeur passionnée. Dieu a mis cette loi en nous, et il n'y a pas de raisonnement qui la puisse changer.

La fortune étant tout le bonheur de celui qui n'est pas chrétien, il faut qu'il devienne riche à tout prix. Il ne peut pas plus renoncer à l'espérance d'être riche qu'au désir d'être heureux. Or, il n'y a que deux moyens d'arriver à la fortune : l'un, qui est lent, incertain, et par-dessus tout pénible à la nature humaine, le travail, le travail assidu, le travail avec ordre, avec économie, avec privation; l'autre, violent, mais rapide et sûr, la spoliation des riches, le partage des richesses, c'est-à-dire le socialisme.

De ces deux moyens, lequel prendra celui qui n'est pas chrétien?

C'est là une question de vie ou de mort pour la société : car si le premier moyen est un élément de sécurité, le second conduit à un épouvantable bouleversement.

Eh bien ! je vous l'affirme, sur cinquante pauvres qui ne sont pas chrétiens, c'est-à-dire qui ne croient pas efficacement à une autre vie, il n'y en aura peut-être pas un seul qui ne préfère, au moins en secret, le second moyen au premier, le partage au travail, le socialisme à la société.

Et cela est conséquent : pour celui qui n'a qu'une seule vie à dépenser, il ne suffit pas de devenir riche, il faut surtout s'enrichir à temps. Qu'importe d'arriver à la fortune à un âge où l'on ne peut plus en jouir? Pourquoi tant de gens d'affaires se ruinent-ils ou s'enrichissent-ils en peu de temps? C'est que la vie est courte et qu'il faut se hâter.

Ils ont raison, les insensés ! s'il n'y a que ce monde, pourquoi toutes les jouissances n'y seraient-elles pas égales? Je conçois que Dieu m'ait destiné à être pauvre, et je m'y résigne, parce que je le sais assez puissant pour me payer de ma pauvreté chrétiennement soufferte. Mais si je n'ai rien à attendre de Dieu, il n'y a qu'une nécessité implacable qui me fera rester dans la misère où je suis né. Quand je devrais bouleverser la société, je m'y ferai une part meilleure que celle du destin. Par la ruse si je suis faible, par la violence si je suis fort, toujours je combattrai cette marâtre qui fait les parts si inégales entre ses enfants. Je sens en moi un besoin invincible d'être heureux, et dussé-je y laisser ma vie, ce besoin je l'assouvirai. On me dit que je ne ferai que des ruines; qu'importe à ma misère? c'est une consolation que l'égalité dans la douleur. Au moins le bonheur d'autrui ne rendra pas plus amer le malheur où je suis condamné.

Ces plaintes sauvages du pauvre qui n'a plus la

foi, est-ce que vous ne les avez jamais entendues? Ah! elles sont plus éloquentes que tous les tribuns, et elles ont fait plus de victimes que la propagande. Il est bien facile d'être du parti de l'ordre quand on est riche; on tient à la société alors, non pas seulement par dévouement, mais par intérêt. Mais le pauvre qui n'a que cette vie, étonnez-vous donc qu'il haïsse du fond de ses entrailles une société qui l'a marqué pour être malheureux à jamais.

Comprenez-vous maintenant où est le cœur, la force secrète du socialisme? comment, malgré vos préfets, vos sous-préfets, vos gendarmes, vos journaux, vos discours, vos circulaires et les petits livres de la rue de Poitiers, le socialisme se répandait dans les campagnes, entrait dans les chaumières, gagnait les paysans qui savent lire et ceux qui ne savent pas lire, minait vos châteaux, dévouait vos maisons au pillage et recrutait dans le silence les éléments d'une effroyable jacquerie? Comprenez-vous enfin pourquoi vous ne l'avez pu tuer depuis trois ans? C'est qu'il échappe à tous vos agents, c'est qu'il germe de lui-même dans le cœur de tout homme qui a horreur de la pauvreté, et qui n'est pas chrétien; c'est que le socialisme n'est pas seulement un parti, mais un instinct. Vous pouvez détruire un parti; il n'y a que Dieu et la religion qui changent un instinct.

Et savez-vous le nombre des victimes du rationalisme? savez-vous combien il y a, dans notre malheureux pays, de pauvres qui ne sont plus chrétiens?

Hélas ! ils sont innombrables. A une société qui a ainsi perdu la foi, ce qu'il faut pour la sauver de ses propres fureurs, c'est la dictature. Il n'y a qu'un bras de fer qui puisse comprimer tant de haines, tant d'ardeurs, tant de convoitises sanguinaires, et empêcher ces bêtes féroces, après avoir dévoré leurs frères, de s'entr'égorger.

CHAPITRE V.

DU PARTAGE DES TERRES.

A l'armée recrutée par le rationalisme il manquait un drapeau. Ce drapeau, les paysans l'avaient trouvé, c'était le partage des terres.

Nous qui voyons froidement les impossibilités de ce partage, nous ne pouvons comprendre quel immense appât c'était pour les paysans. Avec ce mot cependant on agitait toute la France, et il n'y avait pas dans nos campagnes de conscience si honnête qui ne se sentît remuée par les attraits de la cupidité. C'est la force de la révolution. Il n'y a pas un paysan qui s'inquiète de la triade, de l'association ou de la banque du peuple; mais tous savent ce que produirait le partage des terres, et c'est par ce seul lien qu'ils se rattachaient au socialisme.

Sans doute si on eût pu les convaincre qu'ils avaient plus à perdre qu'à gagner à ce partage, l'intérêt tout seul les en eût éloignés. Mais il s'en faut bien qu'il en soit ainsi.

Le domaine agricole de la France se compose de

cinquante millions six cent quatorze mille neuf cent soixante-treize hectares, qui se divisent de la sorte :

	Hectares.
1° Cultures	20,891,288
2° Vergers, pépinières, oseraies.	766,578
3° Pâturages, jachères, prés et pâtis	20,152,556
4° Bois, forêts et terrains forestiers	8,804,551
Total.	50,614,973

Eh bien, disions-nous, ces cinquante millions partagés entre trente-cinq millions d'habitants, donnent à peine un hectare et demi pour chacun. Il y a peu de paysans qui n'en aient autant. Est-ce la peine de bouleverser la France pour arriver à de si minces résultats ?

Et sur ce beau calcul nous nous endormions dans l'indifférence sous la garde de l'intérêt privé.

En vérité, j'ai honte de le dire, mais les paysans raisonnaient mieux que nous. Quand nous comparons le résultat du partage avec leur petite fortune actuelle, nous oublions que cet avoir est aussi celui de leur femme et de leurs enfants. Pour être juste, il faudrait donc réunir quatre parts environ par famille, et comparer ces quatre parts réunies avec sa fortune présente. C'est alors que le danger de la situation nous apparaîtrait dans toute sa cruelle et menaçante vérité.

On a partagé il y a trois ans la plupart des biens communaux : ce partage ne s'est pas fait par personne, mais par famille. Il y a, je le sais, une apparente inégalité à ce que celui qui n'a pas d'enfants reçoive autant que le père d'une nombreuse famille. Mais le partage n'est point fait pour un jour. Celui qui n'est point père le deviendra demain, et celui qui l'était hier ne l'est plus aujourd'hui. On ne peut compter ni l'enfant qui va naître ni celui qui va mourir. La vie est trop incertaine à cet âge.

Quoi qu'il en soit, injuste ou non, le partage par famille est dans les habitudes de la France, et ce n'est point la perfection, mais la réalité qu'il faut voir pour bien juger de la situation. Combien donc y a-t-il de familles ? On compte, je crois, dix millions d'électeurs et un peu plus de huit millions de chefs de famille. C'est huit millions de parts qu'il faudra. Or, le domaine agricole se compose, avons-nous dit, de cinquante millions d'hectares; ces cinquante millions partagés entre huit millions de chefs de famille font environ six hectares pour chacun, c'est-à-dire douze arpents si la perche est de vingt-deux pieds, quinze si elle est de vingt pieds, et dix-huit arpents si elle n'est que de dix-huit pieds.

Hors les fermiers, croyez-vous qu'il y ait beaucoup de paysans qui soient possesseurs de douze à quinze arpents ? Sur cent habitants il y en a trois ou quatre; le reste, c'est-à-dire la presque totalité du pays n'a pas plus de deux ou trois arpents, et beaucoup n'en ont pas un seul. Très-peu en ont six. Un paysan se croit riche quand il a six arpents.

Si donc il y avait un partage, la presque totalité

des paysans tripleraient leur fortune. Vous pouvez contester les détails, la valeur de certaines terres, vous ne contesterez pas ce chiffre, qui est effrayant.

Douze ou quinze arpents de terre ! Comprenez-vous quel immense appât c'est pour les idées socialistes ? Car il ne faut pas se le dissimuler, la passion du paysan c'est d'avoir de la terre, c'est d'acheter du bien, comme ils disent. C'est pour avoir de la terre, c'est pour acheter du bien qu'il emprunte, qu'il vit de privations, qu'il s'épuise nuit et jour, qu'il se ruine quelquefois. C'est pour cela qu'il renie Dieu et qu'il travaille le dimanche.

Or, quand le socialisme lui proposera d'acquérir en un jour ce qu'il n'amasserait pas en toute sa vie, au prix du plus rude labeur et des plus dures privations, croyez-vous qu'il y en ait beaucoup qui résistent à cette puissante séduction ?

Et si l'on songe que les paysans sont la force de la France, qu'il y a cinq millions d'hommes qui peuvent tripler leur fortune par une révolution, ne devons-nous pas trembler d'épouvante ? Quelle force opposerions-nous à une révolution qui aurait cinq millions d'hommes pour appui ?

Deux choses vous rassurent. Tous les paysans, dites-vous, n'ont pas fait ce calcul, et parmi ceux qui l'ont fait, il y en a peu qui soient capables d'une si affreuse spoliation.

Vous ne connaissez guère les paysans, et il faut

vous enlever le bandeau qui vous cache les abîmes.

Le calcul est fait tous les jours, et d'une manière plus désavantageuse encore pour vous que je ne l'ai fait. Dans chaque village, il y a un homme qui a partagé les terres du pays, et comme il ne songe pas que les villes voudraient participer au partage, il a fait les parts encore plus grosses qu'elles ne sont. Sans doute il n'y a pas dix paysans peut-être qui aient fait en grand ce calcul qui nous épouvante ; mais tous l'ont fait pour leur village, les rouges au cabaret en buvant au pillage des riches ; les autres au coin du feu, pendant la veillée ; les plus timides dans le secret de leur âme. Il n'y en a pas un qui ne sache l'étendue du territoire communal et le nombre des pères de famille : le reste est facile. Je vous le répète, le calcul a été fait hier, il se fait aujourd'hui, il se fera demain, et chaque fois d'une manière toute désavantageuse pour vous.

Ah ! s'il s'agissait d'enlever au paysan sa propriété privée pour la mettre en commun, quand vous lui promettriez une fortune facile, le paysan n'y consentirait jamais. Sa première vertu, c'est la défiance. Ce qu'il a amassé avec peine, il le garde avec soin : il ne s'en dessaisit plus. Et c'est pourquoi le communisme ne sera jamais populaire que chez les ouvriers. Mais le partage n'enlèverait rien à la grande majorité des paysans. Il ruinerait le château, le fermier, et tous ceux qui ont au delà de douze ou quinze arpents, mais le nombre en est plus petit que vous ne pensez.

C'est dans chaque commune une imperceptible minorité.

Croyez-le bien, les partageux ne sont pas aussi haïs dans les campagnes qu'on le répétait dans les grands journaux de l'ordre pour se rassurer. On ne haït guère ceux qui veulent tripler votre fortune. Au commencement de la révolution, on crut qu'ils demandaient une spoliation générale, et toute la campagne se souleva. Aujourd'hui, il ne s'agit plus que de dépouiller les riches. C'est bien différent !

Comme dernière ressource enfin, vous comptez sur l'honnêteté publique, et vous auriez raison s'il s'agissait d'un vol. Mais ne vous y trompez pas : aux yeux des socialistes, le partage des terres n'est pas un vol, c'est une restitution. Il y a tel socialiste qui vous a rapporté scrupuleusement votre bourse ou votre portefeuille, et qui, sans scrupule, vous dépouillera demain par une loi. En dehors du christianisme, l'honnêteté n'a pas le même sens pour tout le monde. Politiquement parlant, qu'est-ce qu'un crime? C'est la violation de la loi. Tant donc que la loi défendra le partage, ce sera un crime, et de peur de la cour d'assises, il n'y aura d'autres criminels de ce genre que les partageurs de grand chemin. Mais si la loi elle-même ordonnait ce partage, croyez-vous qu'il y eût beaucoup de consciences qui refusassent de se soumettre à la loi?

En 93, les biens des émigrés et du clergé ont-ils manqué d'acheteurs? Ils n'appartenaient cependant pas à l'État à un titre plus juste que ceux de la bourgeoisie ne peuvent lui appartenir demain. Il y a plus : on craignait alors une restitution, et par cette crainte ces biens subirent longtemps une dépréciation considérable : mais aujourd'hui on sait par expérience que l'on ne restitue plus. Si donc vous avez trouvé, il y a soixante ans, des milliers d'acquéreurs pour les terres de la noblesse et de l'Église, les terres de la bourgeoisie en trouveraient aujourd'hui des millions.

Au surplus, cette idée de vol ne répugne pas autant que vous le pensez aux honnêtes gens qui ne sont pas chrétiens. Il y a à Gênes, dans la galerie du palais *Brignole*, un vieillard du *Spagnoletto* dont les traits se contractent horriblement par le remords à la lecture de cette sentence de Sénèque : *Nemo sine crimine vivit.* Combien de gens honorables savent comme lui la vérité de cette maxime? Gens de commerce, gens d'affaires, qui n'a trompé quelquefois ses clients? Or, en matière d'argent, que sont la ruse et la fraude, sinon le vol tout simplement? Mais il faut s'enrichir vite, car la vie passe. On n'a pas de remords, parce qu'on n'a violé que sa conscience et qu'on s'est mis en paix avec la loi. Et ce sont des hommes modérés qui agissent ainsi, des hommes d'ordre, des esprits éclairés, capables de dévouement, de désintéressement même, dont la fortune est au service de leurs amis ! Et vous voudriez que de pauvres paysans qui n'ont qu'une seule passion, l'intérêt; qu'un seul désir, celui d'amasser du bien; qu'une seule douleur, la pauvreté; qu'une seule haine, la haine des riches,

fussent plus délicats que vous ne l'avez été, et refusassent de satisfaire toutes ces passions d'un seul
coup tout en obéissant à la loi !

Il y en a cependant qui auront ce courage, mais ils
sont en petit nombre, ce sont les paysans chrétiens.
Ceux-là ne consentiront jamais au partage, non pas
qu'ils aient à y perdre : ce sont généralement les plus
pauvres ; mais parce que Dieu a dit : Tu ne voleras
pas. Ils ne vendront point, eux, leur âme rachetée
du sang de Jésus-Christ ni pour douze, ni pour quinze,
ni pour dix-huit arpents. Mais combien sont-ils ? Ils sont
bien peu, et vous le savez bien, vous qui depuis
trente ans travaillez à détruire cette foi chrétienne
devenue par un juste jugement de Dieu le dernier
rempart de vos propriétés. Vous avez été comme ces
bourgeois imprudents qui abattent les murailles de
leur ville pour se construire des maisons, et que le premier assaut livre sans défense au pillage de l'ennemi.

Tel est l'avenir qui nous menaçait. Jusqu'à ce jour
les socialistes vous avaient donné beau jeu. Ils s'étaient
jetés dans d'irréalisables systèmes, bons tout au plus
à passionner quelques imaginations exaltées. Mais le
lendemain de la révolution le sens pratique leur serait
venu. Ils auraient senti la nécessité de rattacher à leur
cause par un appât irrésistible, par un criminelle
solidarité, toute la force vivante et réelle de la France,
ces cinq millions d'hommes dont le partage des terres
triplerait la fortune. Pouvaient-ils ne pas se souvenir
de la grande leçon que 93 leur avait donnée ? Pour-

quoi la révolution a-t-elle triomphé malgré ses crimes, malgré ses défaites mêmes ? Pourquoi a-t-elle imposé ses principes à tous les gouvernements qui lui ont succédé? C'est qu'elle avait créé, par la vente des biens de la noblesse et du clergé, une génération toute révolutionnaire; c'est qu'il n'y avait pas un seul des acquéreurs de biens nationaux qui ne tînt à elle comme à la source et à la garantie de sa fortune, et qui ne fût disposé à la défendre, à travers ses transformations, au péril de sa vie. Cette force qu'elle avait acquise, la Restauration même fut obligée de la respecter. La révolution était devenue impérissable comme les intérêts qu'elle s'était ralliés.

Et vous croyez que si une révolution nouvelle eût triomphé, elle eût volontairement négligé ce puissant moyen de durée? Vous croyez que sous prétexte de donner au peuple l'indépendance dont il a besoin dans une démocratie, elle n'eût pas enlevé le sol à la bourgeoisie pour le lui partager? Mais tout la conduisait à une spoliation des riches, tout la forçait à la destruction de l'aristocratie de fortune : ses principes, son intérêt, l'avidité de ses partisans, la nécessité de punir les résistances de la bourgeoisie, et de la réduire à une complète impuissance. Qu'on eût appelé cela un partage, une vente, une confiscation, sous quelque forme qu'elle eût prise, rien n'était plus assuré que cette spoliation.

Mais c'eût été, dites-vous, la ruine de la France, du commerce, des arts, de la civilisation.

Je le crois comme vous ; mais les révolutions ne s'inquiètent guère de la prospérité du commerce, de la protection des arts, des progrès de la civilisation ; ou plutôt elles prétendent avancer tout cela par des bouleversements passagers. Est-ce que la première révolution n'avait pas aussi ruiné la France, anéanti le commerce, oublié les arts et fait rétrograder la civilisation jusqu'à la barbarie ? Elle n'en eut pas le moindre scrupule, je vous assure, et ses descendants ne s'en inquiéteraient pas davantage.

Quant au paysan, il n'y verra qu'une seule chose, la ruine des riches, et cela le touchera peu. Que lui importe ce luxe, cette vie élégante où se résume pour vous la civilisation et qui disparaîtrait avec l'aristocratie de fortune ? Que lui importent vos chevaux et vos chiens de race, vos carrosses dorés, vos lambris dorés, vos palais dorés ; vos bijoux qu'il ne met pas, vos tableaux qu'il ne voit pas, vos théâtres où il ne va pas, vos concerts qu'il n'entend pas, vos œuvres littéraires qu'il ne lit pas ? Toute cette exquise recherche de la vie, toute cette perfection des arts, tous ces chefs-d'œuvre qui ont fait la gloire de la France, et dont la source serait à jamais tarie, ne lui arracheront pas une larme de regret, ne retarderont pas la révolution d'un seul jour.

Il serait entraîné, dites-vous, dans la ruine publique.

Oui, mais je vous défie de le lui faire comprendre. Vous seriez sauvés, sans doute, si vous pouviez le lui persuader ; mais vous ne le pourrez pas. Je vous mets au défi de faire comprendre à un paysan qu'il sera ruiné avec toute la France quand au lieu de trois arpents il en aura douze. La cupidité est une passion qui aveugle, et le soleil lui-même ne peut se révéler aux aveugles.

Un autre lien d'ailleurs rattache le paysan à la révolution : c'est la jalousie, la haine du riche. Le paysan sans religion a une haine secrète pour tout ce qui est au-dessus de lui. Il travaille pour le château, mais il ne l'aime guère. Il envie trop son opulence et son apparente oisiveté. Au château tout l'humilie : la différence des conditions, la supériorité du langage, des manières, des vêtements mêmes, quelquefois la hauteur et la morgue imprudente des châtelains parvenus. Et si à tous ces ferments cachés vient s'ajouter la rivalité dans les ventes pour l'acquisition des biens, ce n'est plus seulement la jalousie qui lui ronge le cœur, c'est la haine. Or savez-vous quel est le plus dangereux incitateur du crime ? c'est la cupidité mêlée avec la haine.

Hélas ! les siècles passés ne nous l'avaient pas laissé ignorer, et nous venons de l'apprendre encore par une dure et sanglante leçon. Nous avons vu se renouveler sous nos yeux ces infâmes cruautés de la Jacquerie ; nous avons vu s'assouvir ces ardeurs sanguinaires, ces appétits de bêtes féroces si énergiquement décrits par Froissard [1], et qui paraissaient devenus impossibles

---

[1] Voir, aux *Chroniques*, le chapitre LXV de Froissard, sur la

dans ces temps de civilisation. Et ces atrocités n'é-
taient que les préludes du combat, les avant-goûts de
la victoire ! Qu'eût donc été, mon Dieu ! le lendemain
de ce sanglant triomphe ?

Tant de crimes n'ont pas cependant dessillé tous les
yeux. Il y a encore des regrets pour cette légalité impuissante par où nous périssions, des sécurités si ro-
bustes qu'elles retourneraient volontiers à leurs divisions. Puisque vous voulez être rassurés, rassurez-
vous donc ! Oubliez l'état des campagnes, les excita-
tions de la cupidité, cette soif ardente de posséder
la terre, source de toute richesse, cette haine des su-
périorités sociales que ravive à chaque instant du
jour le spectacle de la fierté opulente ; cet immense
besoin d'égalité que vous avez irrité plus que satis-
fait par le suffrage universel ; cet orgueil de la souveraineté du peuple humilié par le sentiment secret
d'une infériorité que rien ne peut dissimuler ; et par-
dessus tout ces rêves de bonheur insensé, ces aspi-
rations vers un état meilleur dont rien ne saurait dé-
tourner ceux qui travaillent et qui souffrent, quand
leurs espérances se limitent aux jours passagers de
la vie ; oubliez tous ces ferments de désordre, tous
ces auxiliaires cachés du socialisme, et puisqu'il vous
reste une dernière illusion, remerciez le ciel qui vous
épargne les angoisses de l'avenir et qui vous mène à

Jacquerie. Sans le vieux style du chroniqueur, il semblerait, hélas ! que son récit, qui date de cinq siècles, et des plus mauvais
temps de notre histoire, est écrit d'hier.

la mort, le front voilé, la tête couronnée de fleurs, avec le calme et la sécurité des victimes.

RÉSUMÉ.

Je crois avoir prouvé :

Qu'il fallait une dictature, puisqu'au moment même où la société était assiégée et pressée par des ennemis implacables, par suite de la division des deux pouvoirs de l'État, il n'y avait plus de gouvernement qui pût la défendre;

Que cette dictature, le Président seul pouvait la prendre, l'Assemblée étant divisée profondément, et une majorité légale ne s'y pouvant former que par l'union d'une partie de la droite avec la gauche, c'est-à-dire avec les ennemis mêmes qu'il s'agissait de combattre;

Que cette union monstrueuse aurait eu nécessairement pour résultat de livrer aux ennemis de l'ordre social une part de l'administration et des commandements militaires, c'est-à-dire de diviser l'armée et d'abandonner des provinces entières qui seraient devenues des centres d'insurrection;

Que cette union déplorable, condition de la dictature de l'Assemblée, n'aurait pas même duré et se serait détruite sur l'une ou l'autre de ces trois questions si chères à la démocratie : Le rappel de la loi du 31 mai, l'amnistie, la levée de l'état de siége;

Que la guerre civile enfin aurait couronné tant de

fautes désastreuses, et que le pays surpris , divisé, désarmé, serait devenu la proie des misérables dont les excès sanglants viennent de l'épouvanter.

On reproche au Président d'avoir violé la Constitution. Mais j'ai démontré que cette Constitution même, qui avait le suffrage universel pour base, n'existait plus : qu'elle avait été violée précisément par l'Assemblée dans la loi du 31 mai ; et non pas pour nous sauver mais pour nous perdre, puisque la loi du 31 mai aboutissait infailliblement à la guerre civile si elle était maintenue, à la ruine légale de la société si elle était rapportée. Voilà l'alternative terrible où nous étions acculés, et d'où nous ne pouvions sortir que par une de ces reculades si tristement célèbres dans notre histoire, et qui n'ont sauvé ni la Restauration ni la monarchie de juillet.

Enfin, cette Constitution c'était une œuvre révolutionnaire, une pierre d'attente du socialisme ; elle imposait au peuple la direction des affaires publiques, et elle ne lui donnait ni l'instruction, ni le temps, ni l'indépendance nécessaires pour s'en occuper. Elle abandonnait les destinées de la France au hasard des impressions du moment, à la capricieuse mobilité des masses impressionnables comme l'ignorance, faciles à séduire comme la pauvreté. Elle paralysait le commerce, effrayait les honnêtes gens, et soumettait le pays à une sorte de fièvre réglée.

Cette Constitution fatale eût perdu tous les peuples, mais surtout un peuple rongé par le rationalisme,

brûlé d'une ardente soif des jouissances de la vie,
où les pauvres ne sauraient se résigner à la pauvreté,
et cherchent hardiment la fortune à travers les révolutions.

Que serions-nous donc devenus si, à la faveur des
divisions de l'Assemblée, la démagogie, maîtresse de
la France, eût appelé à elle l'armée innombrable des
pauvres, en lui promettant les dépouilles de la bourgeoisie? Quel coup fatal frappait la propriété ! La civilisation, la société, la religion, tout pouvait périr
au fond de cet affreux abîme. Rien n'eût surnagé de
ce qui fait la sécurité, la dignité, la consolation, la
grandeur et la gloire de l'homme.

CONCLUSION.

S'il y avait encore le moindre doute sur la nécessité d'une dictature, les événements épouvantables
qui viennent de s'accomplir l'auraient détruit. Quelle
triste expérience nous avons faite des plaies effroya-
bles de notre malheureux pays ! quelle barbarie,
quelle haine atroce des riches dans ces populations
gangrenées par le socialisme ! Et c'est là le sort qui
nous était à tous réservé ! et l'Assemblée s'en doutait
à peine ! A la veille d'un soulèvement qui par ses excès sauvages devait remplir le monde entier d'effroi,
elle s'endormait dans ses divisions, trop occupée
d'intrigues pour sentir ces secousses souterraines qui

annonçaient l'éruption du volcan. Ah ! comme ses
membres doivent remercier le ciel du coup de ton-
nerre qui les a réveillés ! Quels regrets éternels si,
conservant leurs pouvoirs jusqu'au jour de l'embra-
sement, ils eussent légué à la France, avec les exé-
crations des victimes, l'anarchie baignée dans des
flots de sang ! Quel glorieux testament l'histoire leur
eût inscrit dans la postérité !

Mais Dieu a eu pitié de nous : il n'y avait qu'un
homme dont le nom fût resté dans les souvenirs du
peuple aussi bien que du soldat, qui connût la révolution, origine de sa puissance, et qui pût se mettre à
sa tête pour la comprimer. Malgré les revers de sa
famille et les siens propres, Dieu lui avait imprimé le
secret instinct de sa destinée. C'est l'œuvre de sa
race, de réparer les ruines, de rétablir l'ordre par la
force, et de rendre à la France sa prospérité. Dieu
l'alla chercher dans l'exil pour cette œuvre de répa-
ration ; il lui confia, comme au grand homme qui
avait rendu si puissante la gloire de son nom, le soin
de sauver son Eglise en rétablissant à Rome la papauté. Ce fut comme le sceau de la réconciliation de
la Providence avec cette famille de rois qu'elle seule
avait pu renverser. De ce jour, ceux qui savent que
Dieu n'est jamais ingrat, prévirent bien quelles illustres destinées l'attendaient encore. Et en effet, cet
homme a eu l'honneur de sauver son pays. Cet esprit,
qu'on croyait aventureux, combina le coup d'Etat le
plus hardi avec une sagesse, avec une prudence,

avec une fermeté et une modération dont il y a peu d'exemples dans l'histoire. Dieu l'aida visiblement : il choisit un jour glorieux pour sa famille, et personne ne soupçonna ce jour. Un mot imprudent pouvait éveiller l'Assemblée endormie, la conduire dans une ville voisine, et ajouter la guerre civile à la jacquerie; ce mot ne fut pas dit. Il semble que Dieu lui-même eût tendu ces filets où vinrent se prendre tant d'hommes d'État jusque-là fameux. Il voulait sauver la France, l'Europe, son Église surtout, menacées des plus épouvantables catastrophes, et sa main se cachait derrière la main qui fermait l'abîme.

Si la France le veut, cette grande œuvre est accomplie. La révolution est vaincue, mais elle n'est pas morte, et il faut qu'elle sente longtemps encore levé sur elle le bras qui l'a domptée. Sans doute si la France lui refuse les nouveaux pouvoirs qu'il demande pour achever le salut de la société, le Président tiendra loyalement la parole qu'il a donnée : il se retirera. Mais qui prendra sa place? Y a-t-il un parti qui se sente assez fort pour dominer tous les autres et pour nous donner la paix? Y a-t-il un homme d'État qui oserait assumer cette responsabilité terrible? Ce n'est pas un trône qui est en jeu, c'est nos fortunes et nos vies, c'est l'honneur de vos femmes, de nos mères, de nos sœurs, c'est le pillage et le sac de nos villes; c'est la civilisation, la société qui sont en jeu, et qu'une tentative de restauration impuissante livrerait à la merci de hordes sauvages.

Dieu le sait, nous avons compris, nous aussi, l'amertume de certains regrets, le brisement de certaines espérances bien chères et dont la réalisation semblait prochaine. Mais Dieu a parlé. A la lueur d'un éclair il nous a montré l'abîme et la main qui devait le fermer. Repousser cette main qui nous est tendue par la Providence, ce serait nous suicider. Encore si nous n'exposions que nos vies ! Mais le sang de tant de victimes d'un bouleversement nouveau, mais l'horreur de tant de crimes poursuivraient notre infâme égoïsme au delà du tombeau. Dieu préserve ceux que vous aimez d'aller jamais chercher une couronne à travers une mer de sang ! Sur quoi régnerait-il d'ailleurs ? sur des ruines ? Sauvez lui plutôt son royaume pour le jour que la providence de Dieu a marqué. Si l'ambition de régner pouvait entraîner un prince jusqu'à la guerre civile, c'est que ses droits ne seraient pas légitimes. Les vrais princes sont comme la vraie mère de Salomon : à la vue de l'épée qui doit partager leur fils, leurs entrailles s'émeuvent et ils font le sacrifice de leurs droits à la vie de leur enfant.

Ne jetez donc pas votre pays dans la guerre civile pour des espérances trompées. Ceux que vous regrettez ont l'âme plus haute. Ils aiment la France, ils donneraient leur vie pour elle : ils lui donneront bien une couronne d'épines.

Pour nous, catholiques, notre devoir est tout tracé. Un seul homme peut sauver en ce moment la papauté d'une nouvelle tempête. Nous le savons, tout est prêt en Italie pour une révolution. Les esprits égarés par la politique perfide de l'Angleterre, excités par les feuilles incendiaires du Piémont, entraînés par la propagande de Mazzini, n'attendent que le signal du soulèvement. Ce signal doit venir de la France. Si l'anarchie domine chez nous, la papauté est perdue. Il y aura d'atroces vengeances, et toute courte qu'elle pourra être, ce sera, pour l'Église d'Italie une terrible persécution. Avant que les baïonnettes autrichiennes n'accourent à Rome, le sang coulera dans le sanctuaire, et la catholicité pleurera peut-être d'augustes victimes. Nous avons entendu une voix, qui est pour nous l'organe du ciel, nous avertir des maux qui menaçaient le monde, et appeler sur l'Église la miséricorde de Dieu. Ce cri de détresse, cet appel suprême, Dieu l'a entendu. Pour tirer son Église du péril il fallait qu'il en tirât la France, glorieuse gardienne de la papauté. Ce prodige qui semblait impossible, tant l'avenir était sombre, cependant Dieu l'a fait. Les catholiques de France comprendront cette œuvre de miséricorde, et la respecteront.

FIN.